Jouons avec GASTON

EUROPEAN LANGUAGE INSTITUTE

B.P. 6 - Recanati - Italie
Tél. 071/75 07 01 - Télécopie 071/97 78 51

de M.A. Apicella, H. Challier et D. Allain

ISBN **88 - 8148 - 222 - 3**

Imprimé en Italie par Tecnostampa

B	C	D	E	F	G	H	I	J	K	L	M	N	O	P	Q	R	S	T	U	V	W	X	Y	Z
■	✱	☆	◗	✸	✦	✗	❀	❑	▲	◗	●	❍	❤	▼	➤	✱	✰	●	❍	❤	❀	❑	▲	✗

4 Complète les bulles avec le nom des personnages

Je m'appelle
Thierry

1

Je m'appelle
L

2

Je m'appelle
P

3

Je m'appelle
A

4

Je m'appelle
S

5

Et toi, comment t'appelles-tu ?

 Thierry  Lucile  Aline  Pierre  Salah

Colorie et écris le nom des personnages

C'est ....

C'est ....

C'est ....

C'est ....

C'est ....

C'est ....

Recompose les salutations

BON BONNE LUT

REVOIR SOIR

BONNE

BON

JOUR

NUIT AU

SA JOURNÉE

Bonjour !

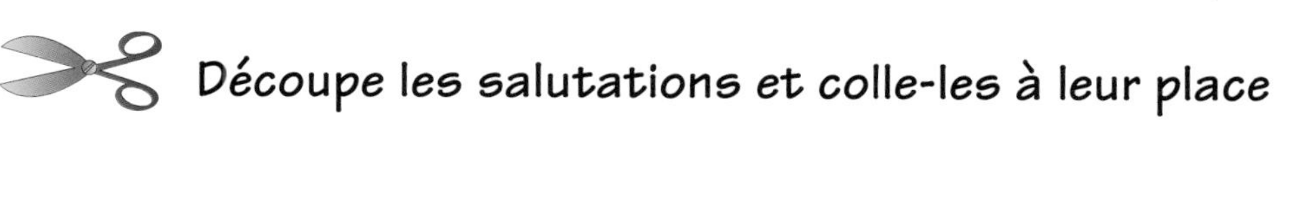

Découpe les salutations et colle-les à leur place

1

2

3

4

Bonjour, ... !

Bonsoir, ... !

Bonne nuit, ... !

Au revoir, ... !

Au revoir, ... !

Bonne nuit, ... !

Bonsoir, ... !

Bonjour, ... !

8 Complète la grille

Mémo

10

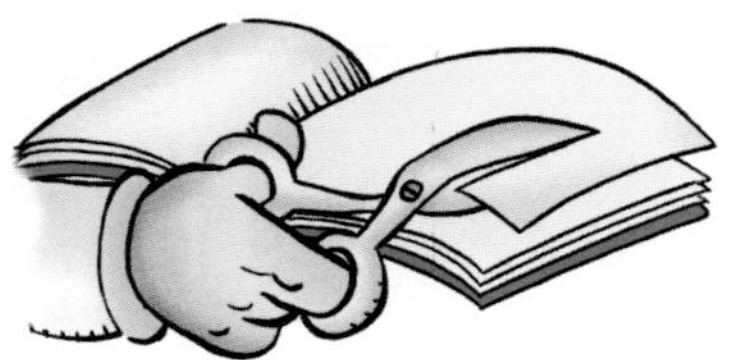

Découpe les cartes

Mélange-les

Dispose-les sur la table (faces cachées)

 une glace	 un gâteau	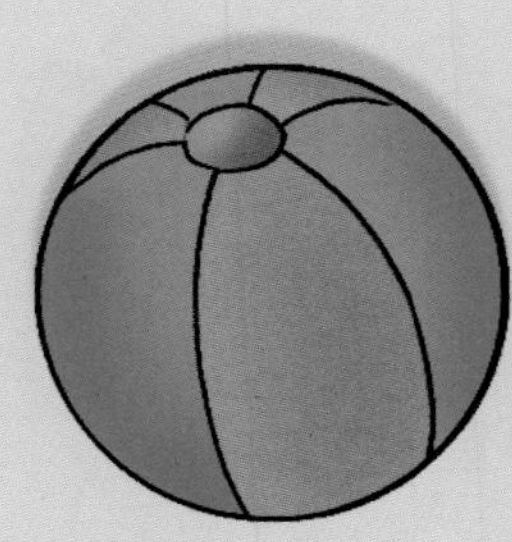 un ballon
 une montre	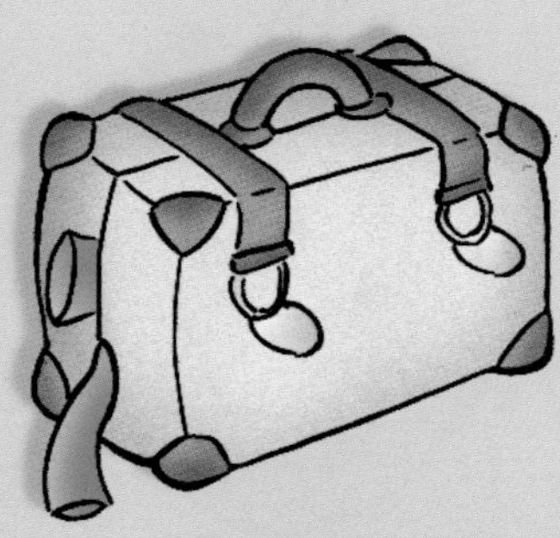 une valise	 une bouée
 un livre	 une fleur	 un parasol

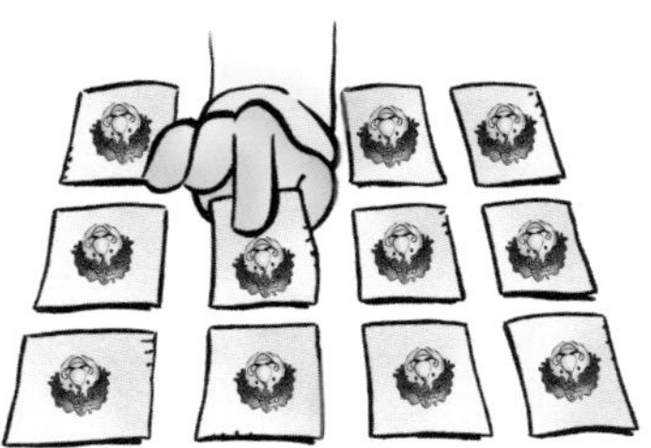

Prends une carte

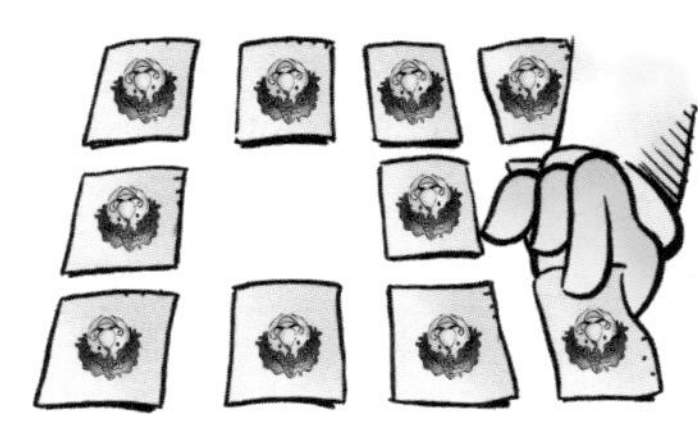

Prends une autre carte

Bravo !
Tu as trouvé une paire.

des glaces

des gâteaux

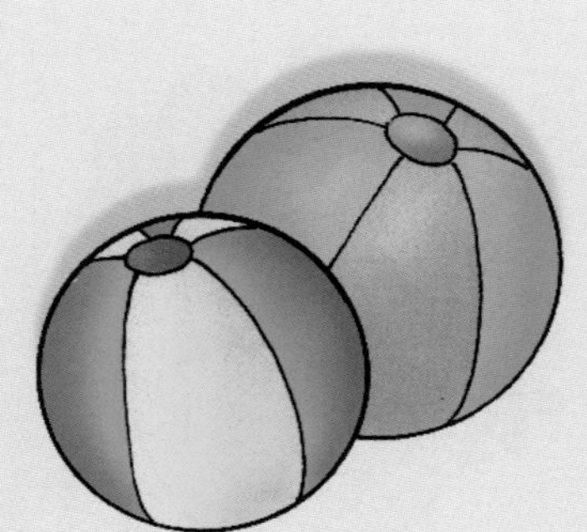

des ballons

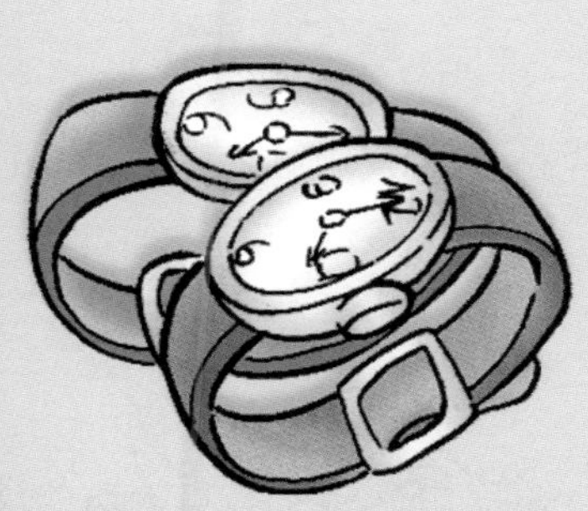

des montres

des valises

des bouées

des livres

des fleurs

des parasols

Mémo

V _ _ T

R _ _ E

V _ _ _ _ T

O _ _ _ _ E

M _ _ _ _ N

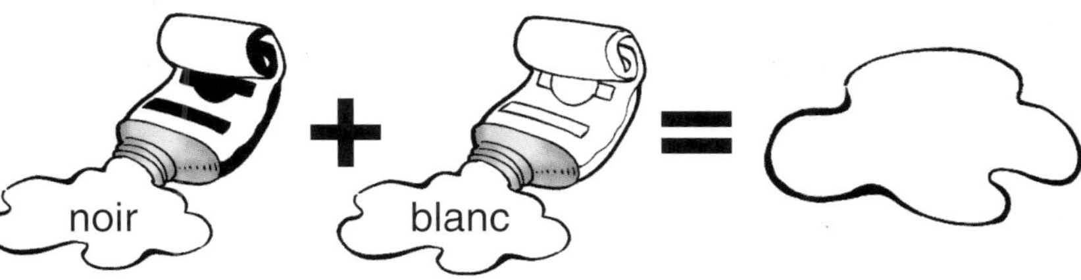

G _ _ S

Colorie le tableau

La mer est bleue.

Le navire est rouge et blanc.

Les parasols sont oranges.

Les arbres sont verts.

Le soleil est jaune.

Le ballon est rose et violet.

Colorie le reste comme tu veux...

Découpe les ballons et colle-les au bon endroit

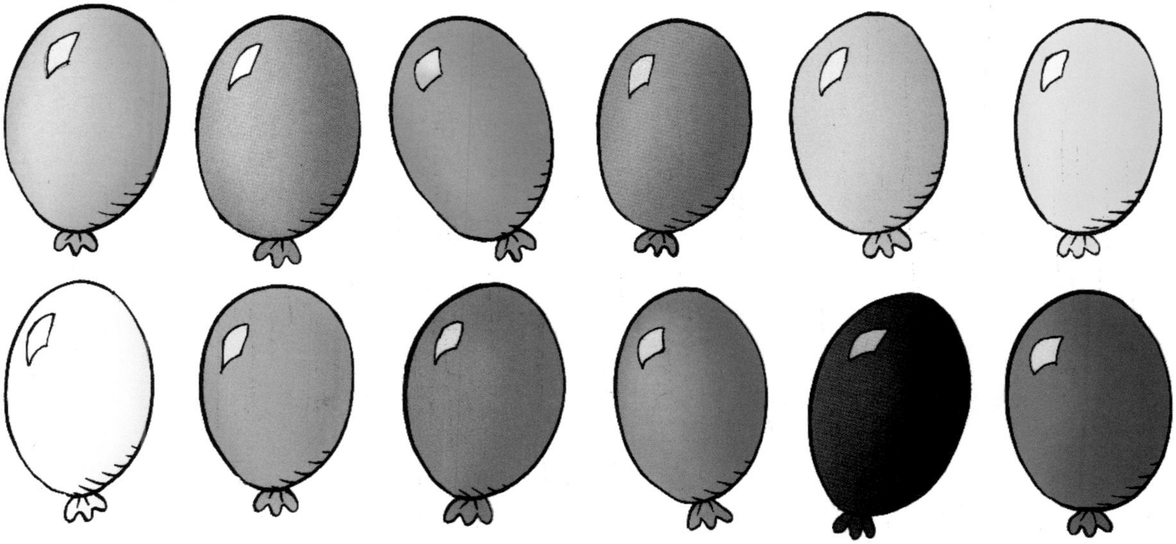

16  Retrouve les couleurs du cerf-volant

Quelle est la couleur cachée ?

_ _ _ _

B	L	E	U	G	V	V
L	J	A	U	N	E	I
A	E	G	U	O	R	O
N	O	I	R	R	T	L
C	R	O	S	E	I	E
E	G	N	A	R	O	T
S	N	O	R	R	A	M

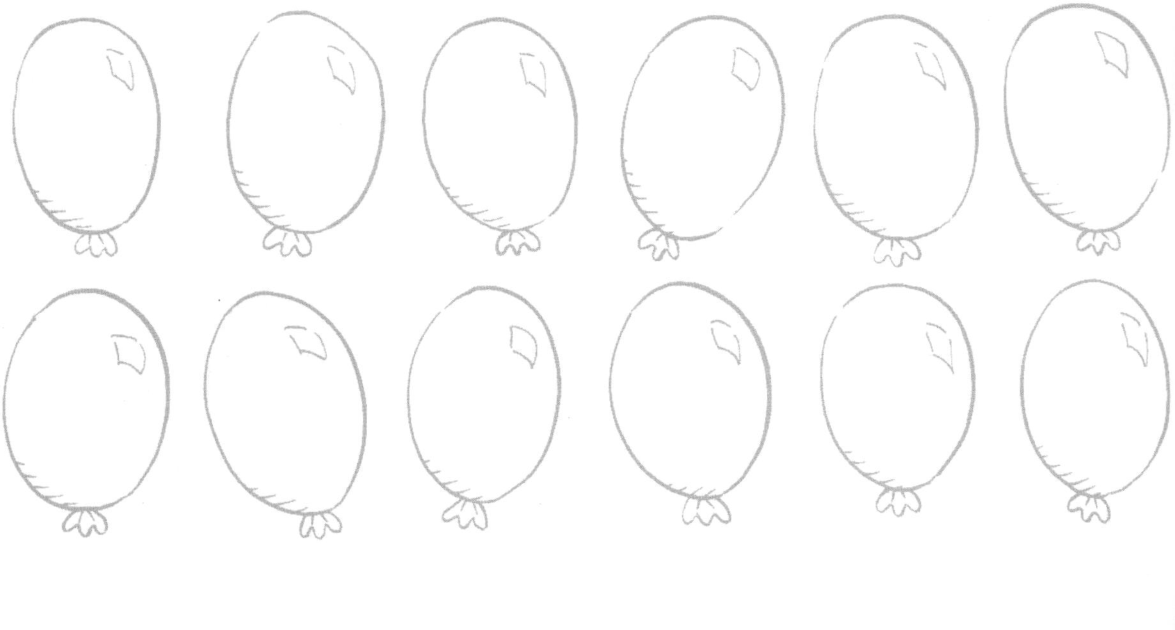

Dans le dessin, il y a :

	V	F
1. un poisson blanc	❑	☒
2. deux poissons roses	❑	❑
3. quatre poissons oranges	❑	❑
4. un poisson bleu	❑	❑
5. trois poissons verts	❑	❑
6. un poisson noir	❑	❑
7. deux poissons violets	❑	❑
8. cinq poissons rouges	❑	❑

  Écris les nombres à leur place et compte à rebours !

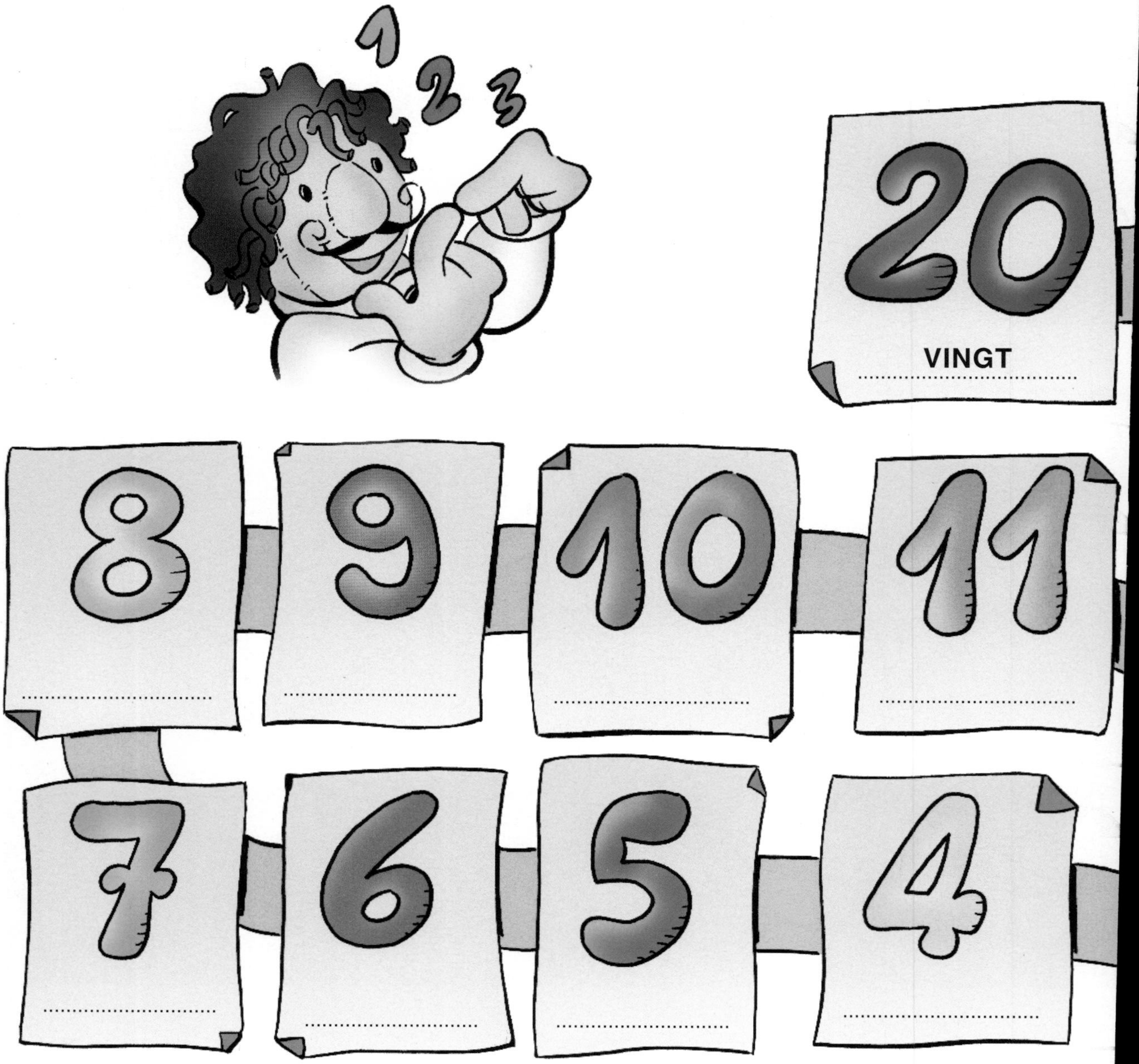

20
VINGT

8 ....

9 ....

10 ....

11 ....

7 ....

6 ....

5 ....

4 ....

CINQ DEUX DIX-HUIT HUIT

DIX NEUF

DIX-SEPT DOUZE DIX-NEUF ONZE

QUATORZE QUATRE QUINZE SEIZE

UN SEPT TROIS TREIZE

ZÉRO SIX VINGT

20 

Relie les points en suivant l'ordre ci-dessous, puis colorie le dessin

trois, sept, dix, douze, dix-sept, six, dix-huit, onze, quinze, un, vingt, quatorze, dix-neuf, cinq, seize, treize, huit, quatre, deux, neuf.

Utilise le code secret et découvre les nombres

A	B	C	D	E	F	G	H	I	J	K	L	M	N	O	P	Q	R	S	T	U	V	W	X	Y	Z
✤	■	✱	☆	◗	✹	✦	✗	❀	❑	▲	◗	●	❍	❤	▼	➤	✱	☆	●	❍	❤	❀	❑	▲	✗

Pour faire des crêpes...

une cuillère d'huile

1 demi-litre de lait

2 œufs

une pincée de sel

20 cuillères de farine

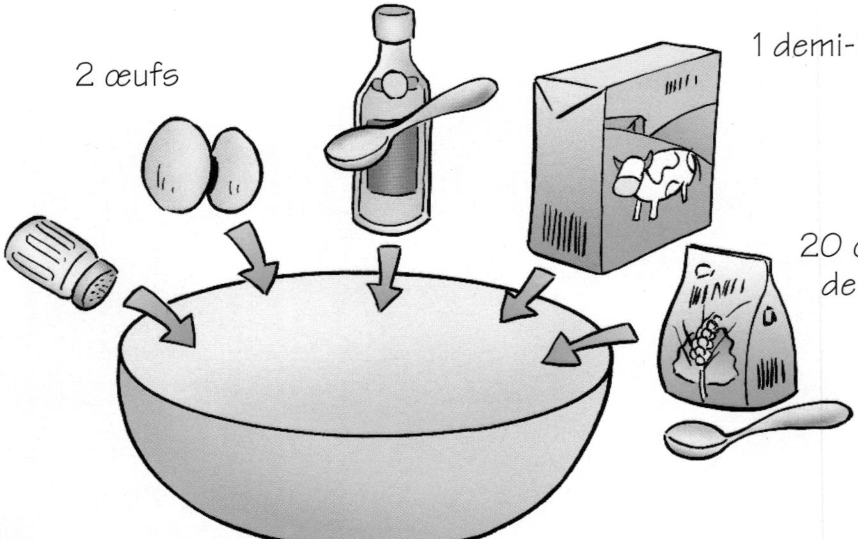

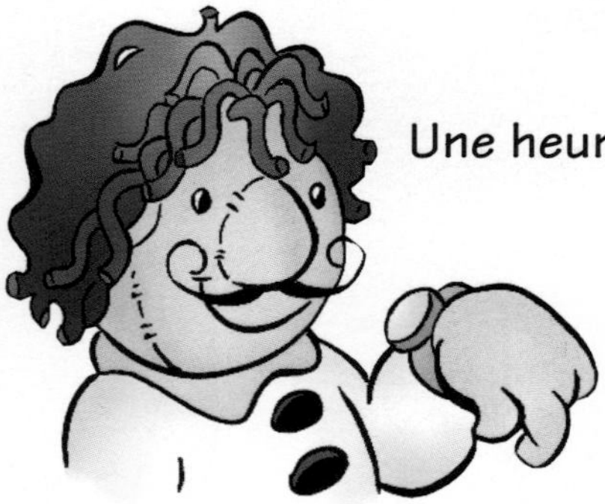

Une heure plus tard...

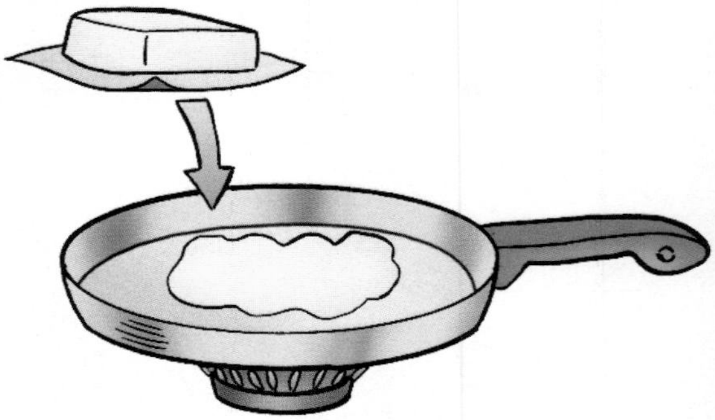

graisse la poêle avec du beurre

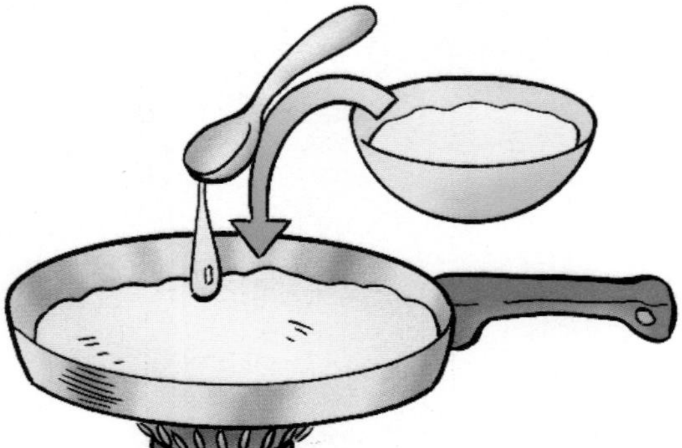

verse un peu de pâte

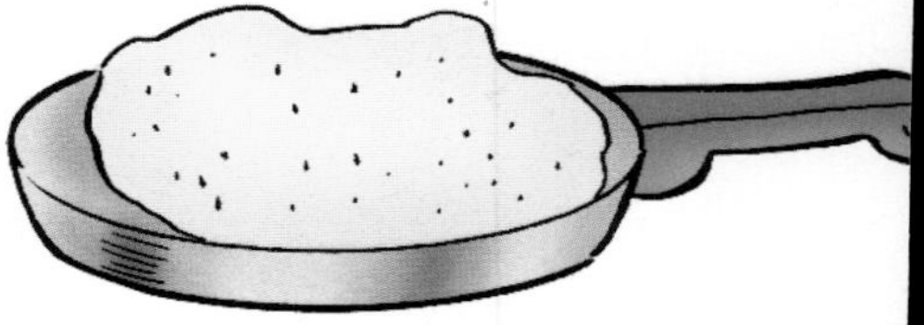

retourne la crêpe...

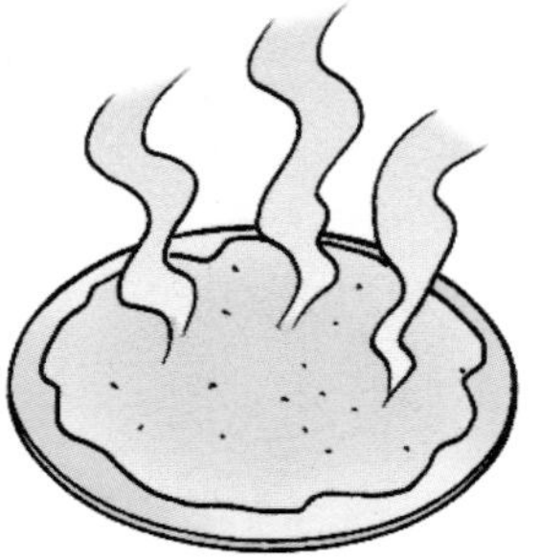

et bon appétit !

Où est Gaston ? Relie les expressions aux chiffres

1

2

3

4

5

à la campagne	1
à la montagne	2
en ville	3
au lac	4
à la mer	5

Quel est ton paysage préféré ?

....

24 **Suis le parcours. Où vont-ils ?**

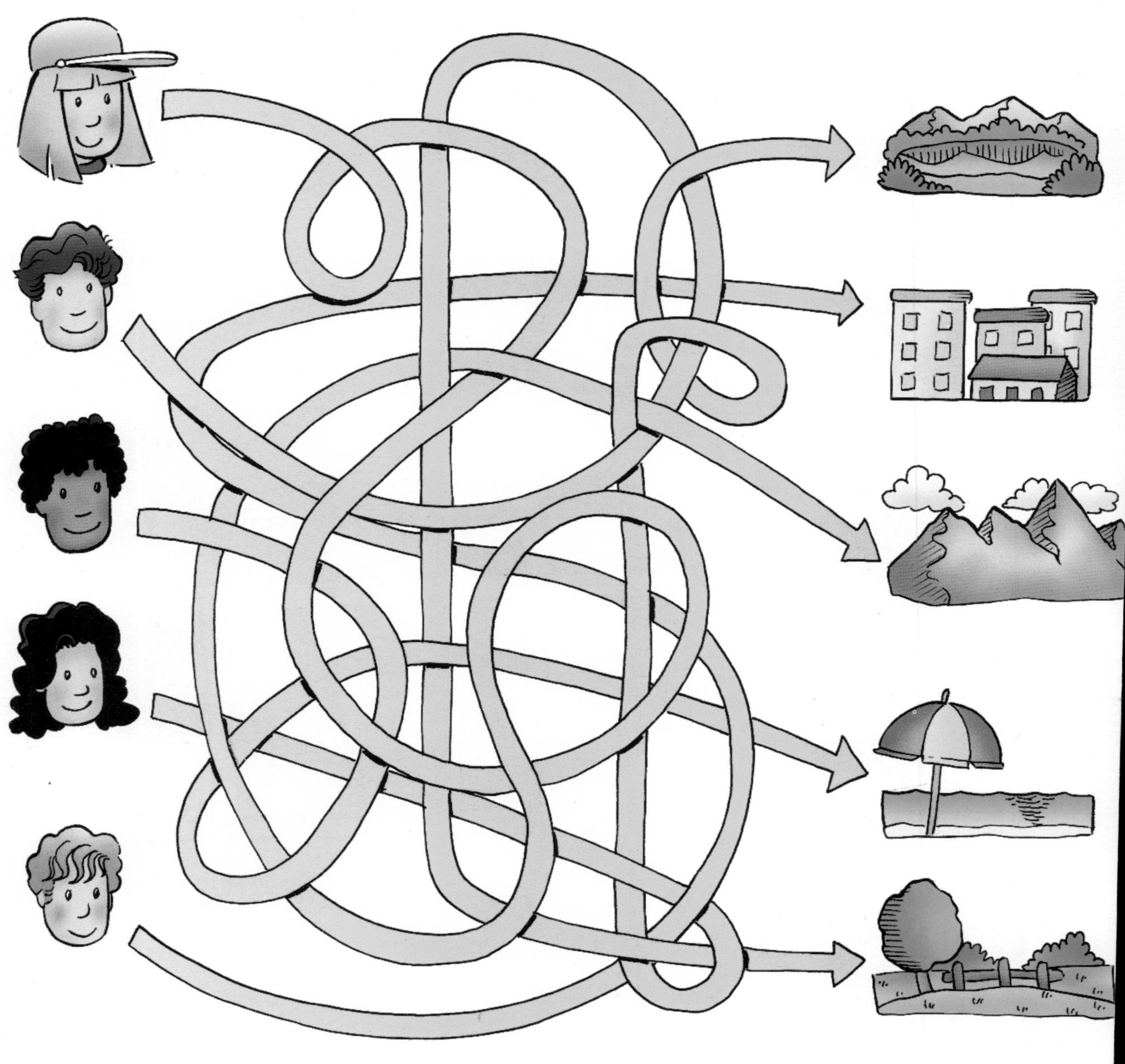

Lucile va à la montagne

....

....

....

....

....

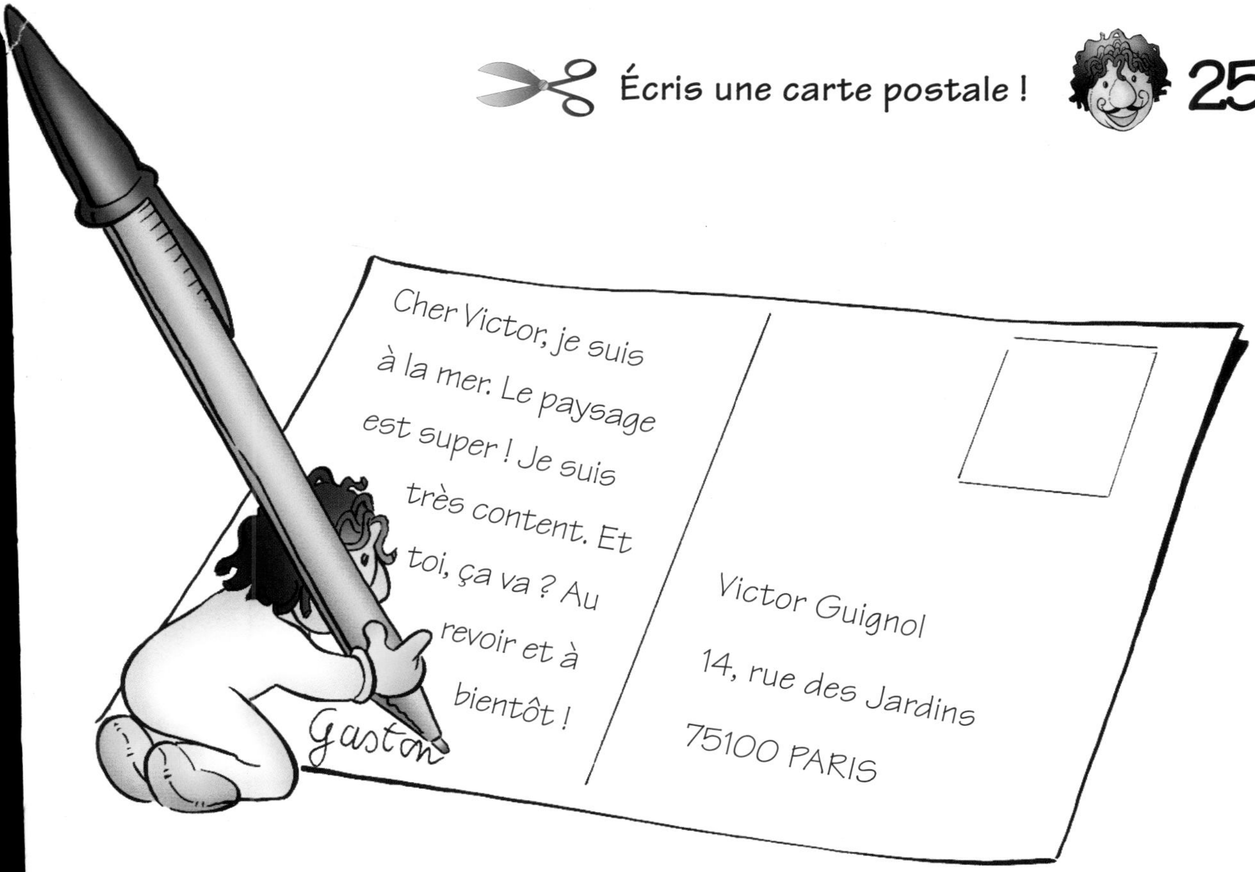

Cher Victor, je suis
à la mer. Le paysage
est super ! Je suis
très content. Et
toi, ça va ? Au
revoir et à
bientôt !
Gaston
Victor Guignol
14, rue des Jardins
75100 PARIS

  Complète la réponse de Victor avec les voyelles manquantes

 Découpe les heures et mets-les à leur place

1

2

6

5

4

3

il est sept heures

il est une heure

il est onze heures

est trois heures et demie

il est neuf heures

il est midi

Recompose les phrases

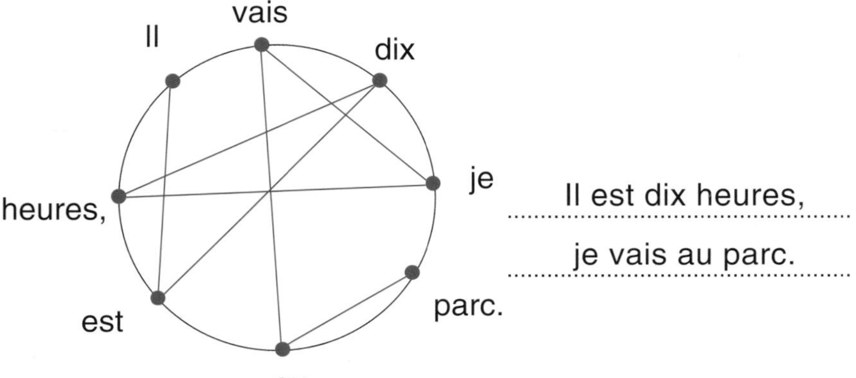

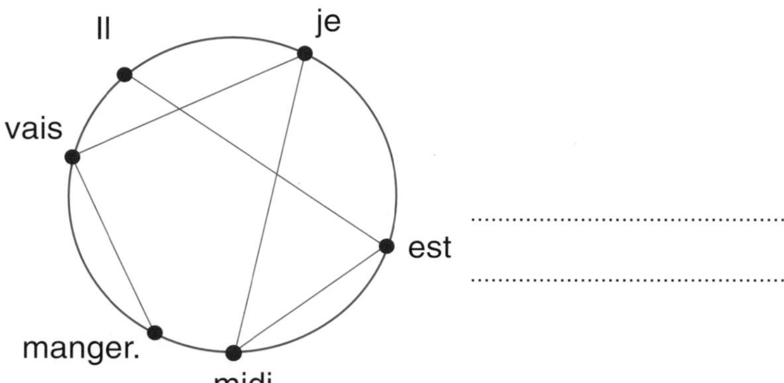

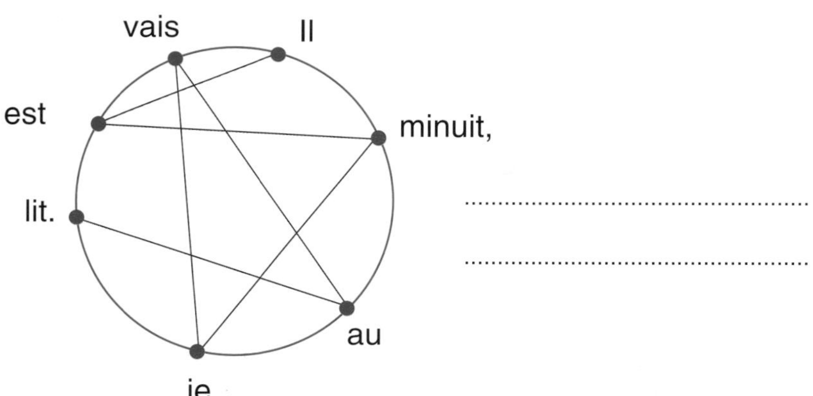

Quelle heure est-il ? Complète la grille

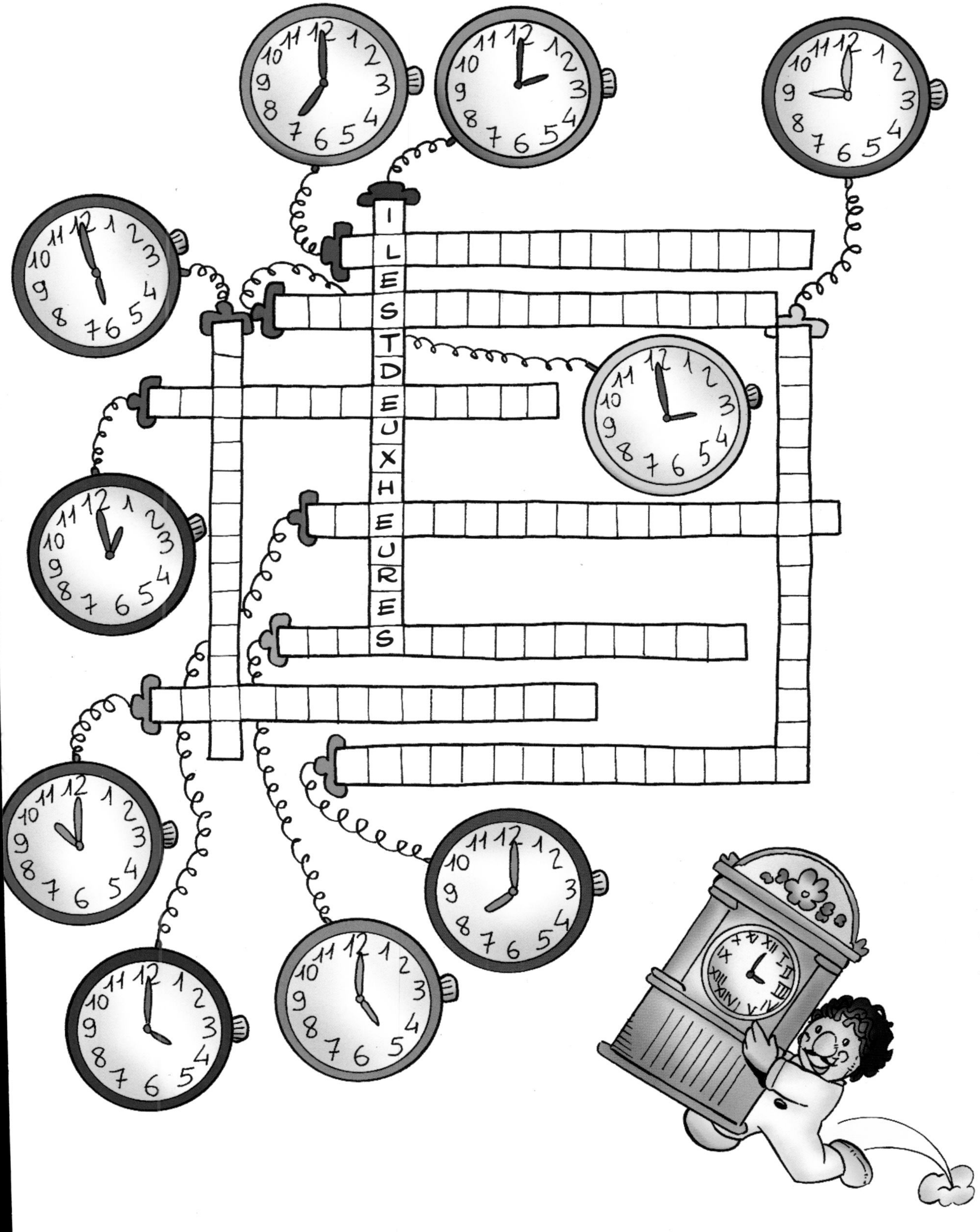

I
L
E
S
T
D
E
U
X
H
E
U
R
E
S

Lis les phrases et recompose la journée de Gaston

Je me lève à neuf heures.

- ❑ À dix heures, je fais du vélo.
- ❑ Je dîne à dix-neuf heures trente.
- ❑ À dix-sept heures, je joue au ballon.
- ❑ Je déjeune à midi et demi.
- ❑ Je me couche à minuit.
- ❑ À onze heures, je vais à la mer.

- [ ] À quatorze heures, je fais la sieste.
- [ ] À seize heures, je mange une glace.
- [x] Je me lève à neuf heures.
- [ ] Je prends mon petit déjeuner à neuf heures et demie.

Maintenant, réponds par vrai ou faux

	V	F
1. Gaston se lève à huit heures.	❑	☒
2. Gaston déjeune à midi et demi.	❑	❑
3. À seize heures, Gaston mange une pomme.	❑	❑
4. Gaston se couche à vingt heures.	❑	❑
5. Gaston va à la mer à onze heures.	❑	❑
6. À quatorze heures, Gaston fait du vélo.	❑	❑
7. Gaston dîne à dix-neuf heures trente.	❑	❑
8. À dix-sept heures, Gaston fait la sieste.	❑	❑
9. À quinze heures, Gaston joue au ballon.	❑	❑
10. À neuf heures et demie, Gaston prend son petit déjeuner.	❑	❑

Suis Gaston et trouve les verbes

SELEVERDÉJEUNERSECOUCHERFAIREDUVÉLODÎNERFAIRELASIESTEDORMIR

....

....

....

....

....

....

....

dormir

jouer au ballon

nager

faire du vélo

te promener

lire

manger des glaces

regarder la télévision

écouter de la musique

....

Complète le dessin avec les étiquettes

1

2

3

4

5

les nuages

le vent

le soleil

la pluie

la neige

il fait beau **il pleut** **il y a du vent** **il neige**

Il fait beau, il y a du soleil. Il y a un petit nuage blanc dans le ciel bleu.

Il fait mauvais, il pleut. Il y a des nuages noirs dans le ciel gris.

Il neige. Tout est blanc. Les enfants se lancent des boules de neige.

Regarde et reponds

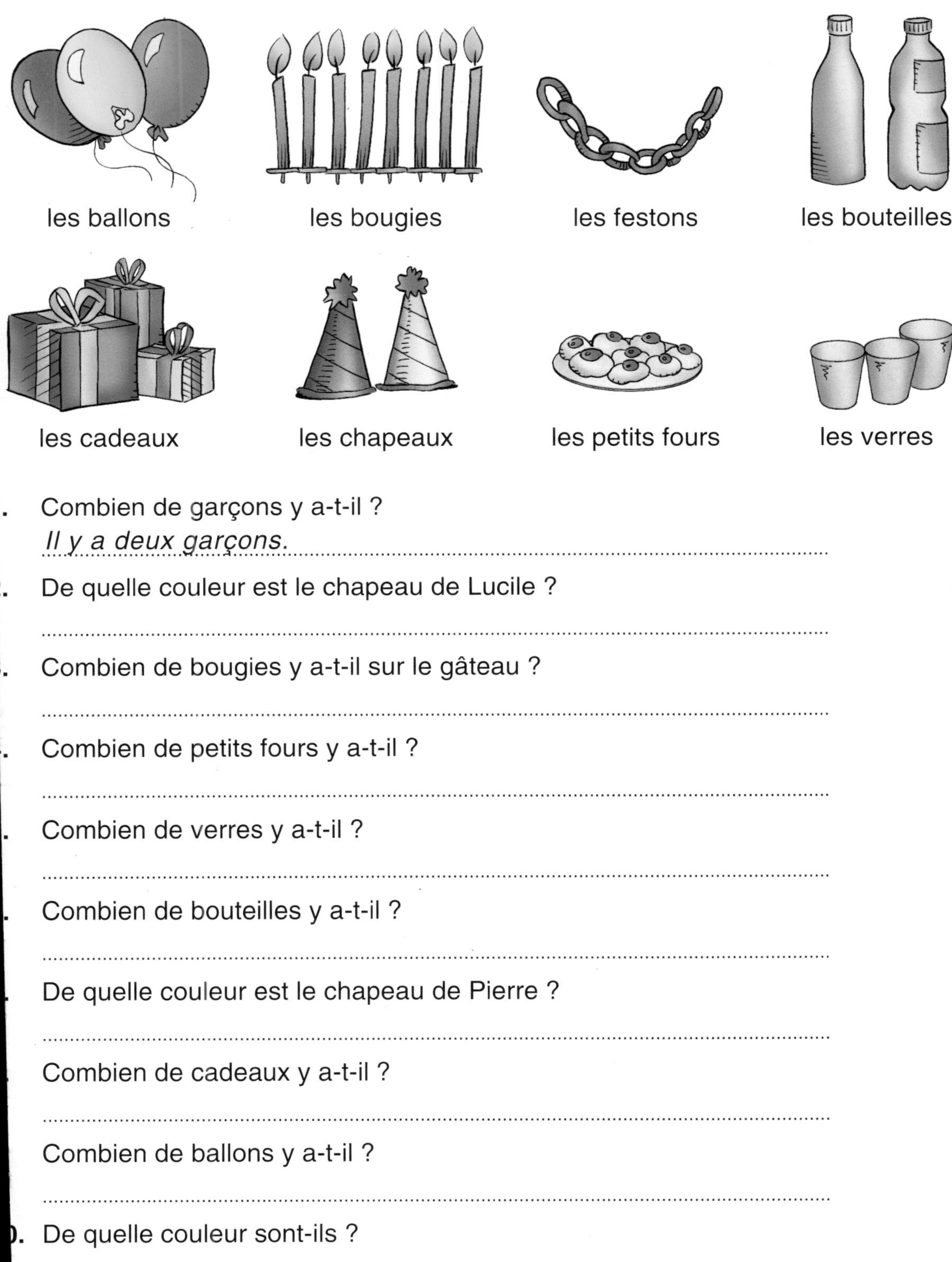

1. Combien de garçons y a-t-il ?
   Il y a deux garçons. ....
2. De quelle couleur est le chapeau de Lucile ?
   ....
3. Combien de bougies y a-t-il sur le gâteau ?
   ....
4. Combien de petits fours y a-t-il ?
   ....
5. Combien de verres y a-t-il ?
   ....
6. Combien de bouteilles y a-t-il ?
   ....
7. De quelle couleur est le chapeau de Pierre ?
   ....
8. Combien de cadeaux y a-t-il ?
   ....
9. Combien de ballons y a-t-il ?
   ....
10. De quelle couleur sont-ils ?
    ....

Recompose la conversation téléphonique

Mon adresse :

....

....

Je t'attends le ....

à .... heures, chez moi.

À bientôt !

Signé : ....

Regarde les dessins et écris les jours de la semaine 

Lundi ....

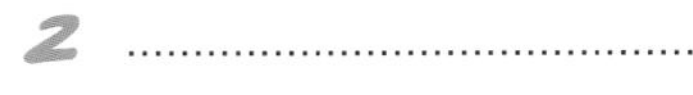

2 ....

3 ....

....

5 ....

6 ....

....

LUNDI

MARDI

MERCREDI

JEUDI

VENDREDI

SAMEDI

DIMANCHE

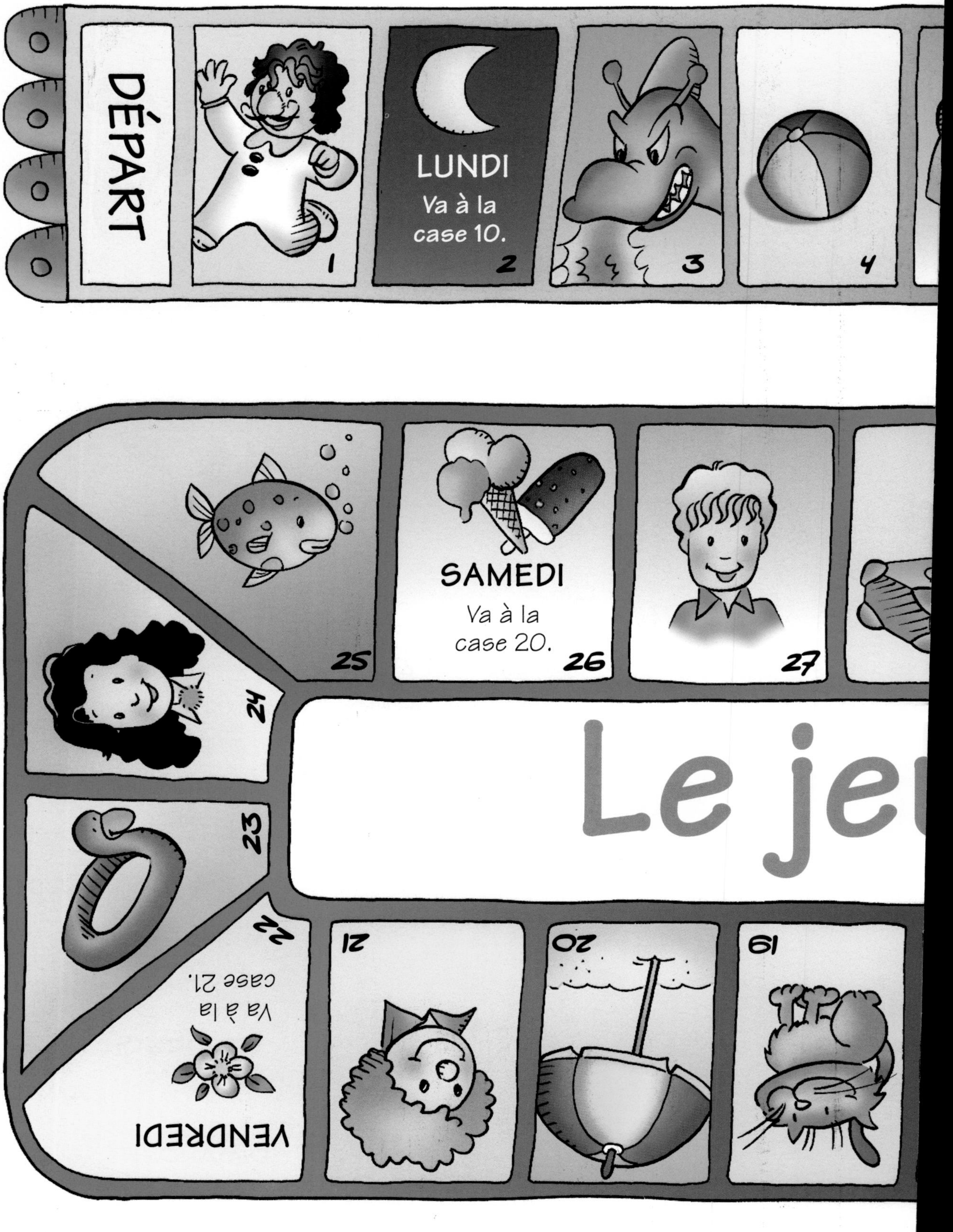

25

SAMEDI

Va à la case 20.

26

27

24

Le jeu

23

22

VENDREDI

Va à la case 21.

21

20

19

6

7

MARDI

Relance le dé.

8

9

10

11

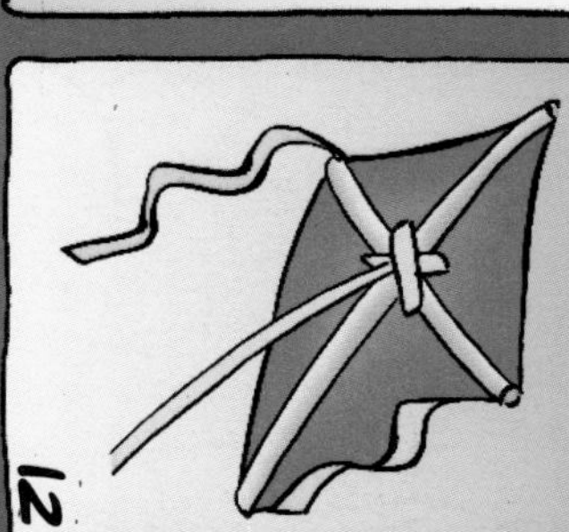

12

13

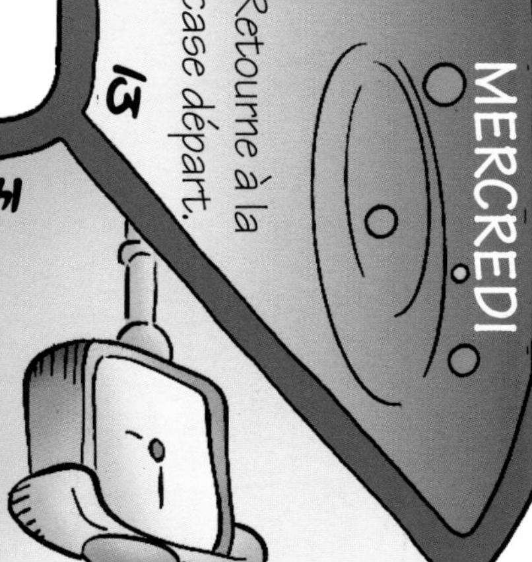

MERCREDI

Retourne à la case départ.

14

15

16

17

29

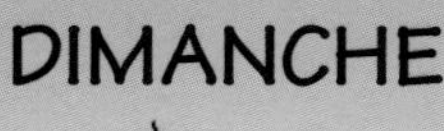

DIMANCHE

Repose-toi : passe un tour.

30

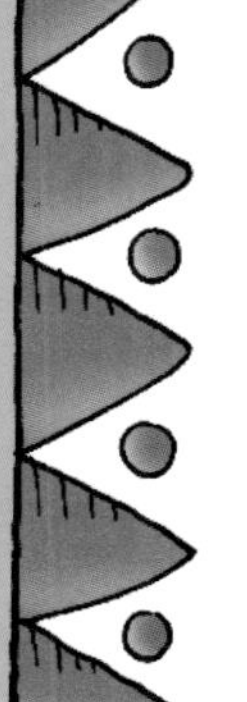

ARRIVÉE

e l'oie

Colorie les cases pointées et lis le message

Solutions

Page 3

Salut, les amis ! Je m'appelle Gaston.
Tu veux jouer avec moi ?
On va bien s'amuser !

Page 4

1. Je m'appelle Thierry.
2. Je m'appelle Lucile.
3. Je m'appelle Pierre.
4. Je m'appelle Aline.
5. Je m'appelle Salah.

Page 6

Bonjour
Bonsoir
Bonne nuit
Bonne journée
Salut
Au revoir

Page 7

1. Bonjour, Salah ! Bonjour, Thierry !
2. Au revoir, Thierry ! Au revoir, Salah !
3. Bonsoir, Gaston ! Bonsoir, Lucile !
4. Bonne nuit, Lucile ! Bonne nuit, Gaston !

Page 8

1. parasol
2. valise
3. galce
4. montre
5. ballon
6. bouée

Page 13

vert, rose, violet, orange, marron, gris.

Page 16

gris.

Page 17

1. faux, **2.** vrai, **3.** faux, **4.** faux,
5. vrai, **6.** vrai, **7.** vrai, **8.** faux.

Pages 18/19

20: vingt
19:dix-neuf
18:dix-huit
17: dix-sept
16: seize
15: quinze
14: quatorze
13: treize
12: douze
11: onze
10: dix
9: neuf
8: huit
7: sept
6: six
5: cinq
4: quatre
3: trois
2: deux
1: un
0: zéro

Page 21

a. 20, **b.** 3, **c.** 10, **d.** 9, **e.** 6, **f.** 4, **g.** 7, **h.** 12,
i. 15, **j.** 11.

Page 23

1. à la mer, **2.** à la montagne,
3. à la campagne, **4.** au lac, **5.** en ville.

Page 24

Lucile va à la montagne. Thierry va à la campagne. Salah va à la mer. Aline va au lac. Pierre va en ville.

Page 26

Cher Gaston, merci beaucoup pour ta carte postale. Je suis à la montagne. C'est fantastique ! Au revoir, ton ami Victor.

Page 27

1. il est une heure.
2. il est sept heures.
3. il est midi.
4. il est onze heures.
5. il est neuf heures.
6. il est trois heures et demie.

Page 28

1. Il est dix heures, je vais au parc.
2. Il est midi, je vais manger.
3. Il est minuit, je vais au lit.

Page 29

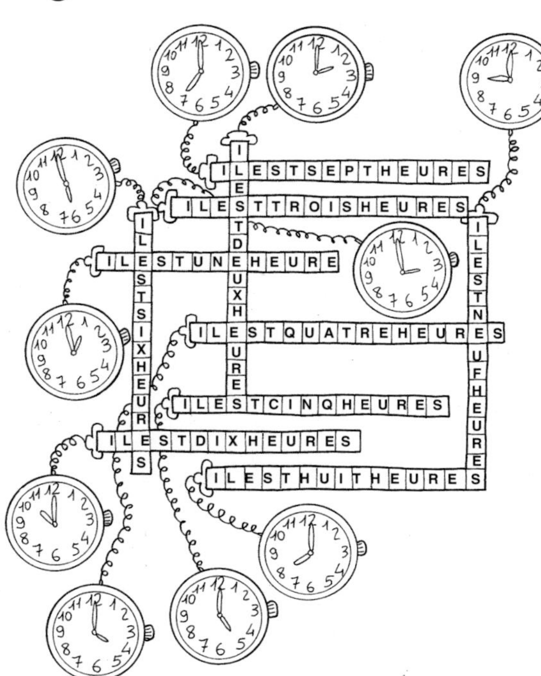

Pages 30/31

1. Je me lève à neuf heures.
2. Je prends mon petit déjeuner à neuf heures et demie.
3. À dix heures, je fais du vélo.
4. À onze heures, je vais à la mer.
5. Je déjeune à midi et demi.
6. À quatorze heures, je fais la sieste.
7. À seize heures, je mange une glace.
8. À dix-sept heures, je joue au ballon.
9. Je dîne à dix-neuf heures trente.
10. Je me couche à minuit.

Page 32

1. faux, **2.** vrai, **3.** faux, **4.** faux, **5.** vrai, **6.** faux, **7.** vrai, **8.** faux, **9.** faux, **10.** vrai.
Se lever, déjeuner, se coucher, faire du vélo, dîner, faire la sieste, dormir.

Page 34

1. le soleil, **2.** la pluie, **3.** le vent, **4.** la neige, **5.** les nuages

Page 37

1. Il y a deux garçons.
2. Il est bleu et jaune.
3. Il y a huit bougies.
4. Il y a huit petits fours.
5. Il y a sept verres.
6. Il y a deux bouteilles.
7. Il est jaune et rouge.
8. Il y a trois cadeaux.
9. Il y a deux ballons.
10. Ils sont verts.

Page 38

1. 7-3-2-9-0-3
2. Allo ? Qui est à l'appareil ?
3. C'est Gaston. Comment ça va ?
4. Ca va très bien, merci
5. Tu viens à ma fête demain ?
6. Oui, chic !

Page 41

1. lundi **2.** vendredi **3.** samedi **4.** mercredi
5. jeudi **6.** dimanche **7.** mardi